Karl Knortz

Kapital und Arbeit in Amerika

Vortrag gehalten in der Zionskirche zu Johnstown, Pa

Karl Knortz

Kapital und Arbeit in Amerika

Vortrag gehalten in der Zionskirche zu Johnstown, Pa

ISBN/EAN: 9783743466593

Hergestellt in Europa, USA, Kanada, Australien, Japan

Cover: Foto ©ninafisch / pixelio.de

Weitere Bücher finden Sie auf **www.hansebooks.com**

Kapital und Arbeit

in

Amerika.

Vortrag

gehalten in der Zionskirche zu Johnstown, Pa.

von

Karl Knortz.

Zürich.
Verlag von Cäsar Schmidt.
1880.

Keine Frage hat in der neueren Zeit die Gemüther so sehr beschäftigt und aufgeregt, als die Frage über das Verhältniss des Kapitales zur Arbeit, und dies nicht mit Unrecht; denn unzweifelhaft ist es die wichtigste Frage der Gegenwart, die wohl oder übel eine Lösung finden muss. Der Streit zwischen jenen wichtigen Faktoren des Daseins ist neueren Datums, da in früheren Zeiten das Kapital mehr vertheilt war und in Folge dessen seine verderbliche Wirkung weniger äussern konnte. Die erstaunliche Entwicklung des Maschinenwesens aber hat den für das Gemeinwesen so wichtigen Mittelstand numerisch reduzirt; denn die Grossindustrie zog das zerstreute Kapital durch allerlei Manipulationen an sich und ruinirte durch schnelle und billige Herstellung der Produkte allmälig das Kleingeschäft.

Die Zahl der selbstständigen Handwerker wurde also von Tag zu Tag geringer, wohingegen sich die Zahl der brodsuchenden und abhängigen Arbeiter tagtäglich vermehrte. Mit der Hilflosigkeit der letzteren wuchs natürlich auch die Macht des Kapitals, die sich mitunter auf die inhumanste Weise zeigte, wodurch beide, Arbeit und Kapital, die doch von Natur aus auf einander angewiesen sind, in bitteren Streit geriethen, dessen Schlichtung die Aufgabe unserer Zeit ist.

Da der Arbeiter in Folge seiner jetzigen höhern Bildung sich nicht mehr als gedankenlose Maschine betrachtet sehen will und es auf der andern Seite im herzlosen Interesse des Kapitals liegt, jede Arbeit ausschliesslich zu seinem Vortheil auszubeuten, so ist es kein Wunder, dass sich der Vertreter der Grossindustrie eben so mächtig nach den alten feudalen Einrichtungen zurücksehnt, wie der südamerikanische Baron nach dem Institute der Sklaverei.

In früheren Zeiten bestand die Hilflosigkeit des Arbeiters hauptsächlich in seiner Ignoranz; an dem Platze, auf dem er das Licht der Welt erblickt hatte, blieb er kleben; denn von Gottes weiter Welt wusste er nichts und noch viel weniger war er mit dem allgemeinen Geschäftsgange und dessen Vortheilen bekannt. Er war also mit seinem Zustande zufrieden; wenn er nur Nahrung und Kleidung hatte, so genügte ihm dies vollkommen, denn weitere Bedürfnisse kannte er nicht. Die Erde war ja einmal ein Jammerthal, das er desshalb freudig und zufrieden durchwanderte, weil er sicher wusste, er würde dafür einst in Abraham's Schooss getröstet, wohingegen es für seine reichen Herren schwerer sei, in den Himmel zu kommen, als für ein Kameel durch ein Nadelöhr zu kriechen.

Doch die Zeiten und damit auch die Anschauungen haben sich gewaltig geändert; das Feudalwesen mit seinen Frohndiensten ist ein überwundener sozialer Standpunkt und der Arbeiter hat gelernt, sich als einen integrirenden Theil des Gemeinwesens zu betrachten, als welcher er zu höheren Ansprüchen berechtigt sei, als man ihm bis jetzt eingeräumt hat. Er will nicht allein vom Leben ausschliesslich die sauren Wochen haben, sondern auch an den Freuden desselben seinen bescheidenen Antheil nehmen und in Bezug auf eine zukünftige Kompensation denkt er mit Faust, dass nach dem Untergang der Welt Alles, was kann und soll, geschehen möge. Nur die Gegenwart ist gewiss, und desshalb will er auch heute leben und geniessen.

Die Hilf- und Rathlosigkeit der Arbeiter bestand früher, wie eben bemerkt, in ihrer Ignoranz; ausserdem fehlte es ihnen an der nöthigen Energie, ihre Vortheile zur rechten Zeit zu wahren. Die allgemeine Erziehung und die unzähligen Gelegenheiten zur individuellen Ausbildung haben nun dieses Hemmniss beseitigt; die Arbeiter sind sich ihrer Menschenwürde bewusst geworden und da sie ferner zur Einsicht gekommen sind, dass ihre Dienste überhaupt unentbehrlich sind und sie eine wichtige Rolle im allgemeinen Verkehrsleben spielen, so wollen sie auch demgemäss behandelt werden und vor allen Dingen höheren Lohn haben, damit sie besser wohnen, sich besser kleiden und ihre Kinder besser erziehen können. Indem nun der Arbeiter so viel wie möglich verlangt, das Kapital ihm aber so wenig wie möglich bietet und es trefflich versteht, die Zeitverhältnisse stets in eigenem Interesse auszubeuten, ist zwischen beiden jener tiefe Abgrund entstanden, den selbst unsere unzähligen sozialwissenschaftlichen Bücher nicht ausfüllen können.

Früher, als sich die Industrie in Folge des ausgedehnten Maschinenwesens und der damit Hand in Hand gehenden Centralisation des Kapitals noch nicht zu einer Grossmacht ersten Ranges erhoben hatte, standen selten mehr als ein halbes Dutzend Arbeiter im Dienste eines Meisters; sobald aber die Fabriken entstanden und Hunderte von Leuten unter einem Dache zusammen arbeiteten, da sahen diese ein, dass sie ein gemeinschaftliches Interesse verband, dem sie durch Bildung von Vereinen Ausdruck zu verleihen suchten. Schutz der Arbeit, den der Einzelne nicht erzielen konnte, ward nun auf das Banner jener Verbindungen geschrieben und ein einiges Vorgehen in dieser Richtung zur allgemeinen Aufgabe gemacht. Man berechnete in den Arbeiterversammlungen die Ausgaben und muthmasslichen Einnahmen des Fabrikanten und fand dabei gewöhnlich heraus, dass Letzterer unbeschadet seiner finanziellen Existenz den Lohn der Arbeiter erhöhen könne. Wenn nun einem dahin zielenden Verlangen in günstig gewählter Zeit durch einen sogenannten Strike Nachdruck verliehen wurde, blieben häufig die Arbeiter Sieger; einmal aber ist nicht allemal, und trotzdem sie ihre zahlreichen Niederlagen sehr bald vergassen, so blieb ihnen doch die Wahrheit des Spruches im Gedächtniss, dass Einigkeit stark macht und dass sie nur mit vereinten Kräften den Uebergriffen der Kapitalisten wirksam entgegentreten könnten.

So hat sich nachgerade der Arbeiter daran gewöhnt, im Kapital seinen natürlichen Feind zu sehen, der unter jeder Bedingung bekämpft und wo möglich besiegt werden muss. Sein Herr kleidet sich in Sammt und Seide, bewohnt einen grossartigen Palast und lebt alle Tage herrlich und in Freuden und zwar nur dadurch, dass er ihm, dem Arbeiter, der doch Alles produzirt und dem daher auch Alles gehört, den sauer verdienten Lohn vorenthält. Ist es da ein Wunder, dass er an den Satz, „Eigenthum ist Diebstahl", glaubt und zu der Lehre Lasalle's schwört, der da durch Abschaffung des „Fremdthums" dem Uebel die Axt an die Wurzel legen will? — Eigenthum entstand durch Arbeit und gehört also dem, der da gearbeitet hat; denn Arbeit — einerlei, worin dieselbe besteht — ist eine Thätigkeit, für die ich ein Aequivalent verlange. Was ich mir nun erarbeite, ist mein Privateigenthum, oder mein Vermögen, worüber ich vollständiges Verfügungsrecht besitze. Produzire ich mehr, als ich gebrauche, so ist dieser Ueberfluss ebenfalls mein unantastbares Eigenthum, oder mit andern Worten, mein Kapital. Ich habe mir dasselbe dadurch erspart, dass ich es nicht zu unnützen Zwecken verwendet habe; es repräsentirt also einerseits meinen Fleiss und anderseits meine Enthaltsamkeit oder Sparsamkeit. Ob dies Kapital nun in baarem Geld oder andern Werthsachen besteht, ist Nebensache; denn das Geld ist ja nur ein bequemes und werthvolles Substitut für das, was ich dafür eintauschen will.

Wer also arbeitet, spart und sich gewisse Einschränkungen auferlegt, erringt sich Eigenthum, über das keinem Andern, der vielleicht inzwischen seine Zeit nnd sein Geld vertrödelt hat, das Verfügungsrecht zusteht. Da dies so erworbene Eigenthum kein Diebstahl ist, so geniesst es auch gesetzlichen Schutz, ohne den sicherlich weniger Fleiss und Sparsamkeit anzutreffen wäre.

Wir sehen aus dem Bisherigen, dass das Kapital durchaus nicht der Feind der Arbeit ist, sondern dass eins zum andern im Causalverhältnisse steht. Ohne Beides ist jeder Fortschritt auf geistigem wie materiellem Gebiete unmöglich, ja rein undenkbar

Ohne Kapital und theilweise auch ohne Arbeit, d. h. Arbeit im „zivilisirten" Sinne, können vielleicht nur die Naturvölker mit ihren kaum nennenswerthen Bedürfnissen leben; je mehr aber die Kultur vorschreitet, desto grössere Anstrengungen und Mittel sind nöthig, dieselben zu befriedigen. Fabriken und Eisenbahnen erfordern zu ihrer Gründung und Fortführung ein grösseres Kapital, als sich meistens in den Händen eines einzelnen Individuums befindet; mehrere Personen müssen also ihre Ersparnisse zu genanntem Zwecke zusammenlegen und so hat auch für das Kapital das Sprichwort, dass Einigkeit stark macht, die weiteste Bedeutung. Könnte aber der Kapitalist keine Arbeiter finden, so müsste er bald zum Bettelstabe greifen; ohne den Kapitalisten aber müssten die meisten jetzigen Arbeiter die bitterste Noth leiden. Trotzdem aber existirt zwischen beiden keine rechte Harmonie. Der Kapitalist will die meiste Arbeit für den geringsten Lohn, der Arbeiter hingegen will die geringste Arbeit für den höchsten Lohn geben; denn dass Jeder seinen Vortheil sucht, ist ein allgemeines Weltgesetz.

Der Kapitalist, der wohl weiss, wann mehr Arbeitskräfte brach liegen als augenblicklich beschäftigt werden können, diktirt also einfach die Höhe des Lohnes selbst; denn er weiss ferner, dass nun dem mittellosen Arbeiter die Alternative gestellt ist, entweder zu darben oder ruhig anzunehmen, was ihm gnädig offerirt wird. Ohne Arbeit aber könnte sich selbst der reichste Kapitalist nicht halten. Er mag seine Fabrik verkaufen und das Geld in eine Bank tragen; letztere aber muss arbeiten, um die Zinsen bezahlen zu können. Er mag sein Geld in Eisenbahnaktien anlegen, aber jenes Institut bedarf für seine Erhaltung der unausgesetztesten Arbeit. Ohne Arbeit also wäre das Kapital werthlos und es ist also nicht mehr als recht und billig, dass man dem Arbeiter einen gerechten Anforderungen entsprechenden Verdienst zukommen lässt.

Unter einem Kapitalisten verstehen wir also einen Menschen, der die Dienste anderer Leute braucht und dafür zahlt. Wie viel oder wie wenig Geld er besitzt, ist also Nebensache. Ein Arbeiter aber ist zuletzt jeder thätige Mensch ohne Ausnahme — eine Definition, die also jeden Stand in sich schliesst und die daher unsern modernen Sozialisten nicht recht mundet; denn nach den landläufigen Ansichten derselben hat nur der auf das Prädikat „Arbeiter" Anspruch, der sich im Dienste der Grossindustrie Schwielen in die Hände schafft.

Wir haben hier in Amerika einen unerschöpflichen Reichthum an Naturalquellen; aber alle diese Schätze des Bodens wären völlig werthlos, wenn sie nicht durch die Arbeit gehoben würden. Wir haben einen fruchtbaren Boden, haben Regen und Sonnenschein und den Wechsel der Jahreszeiten, aber alles dies würde uns wenig nützen, wenn wir es nicht verständen, durch Arbeit Vortheil daraus zu ziehen.

Dass der Mensch von Natur aus gerade ein besonderes Wohlgefallen an der Arbeit fände, kann nicht gut behauptet werden; denn wenn er beim Müssiggang leben könnte, so würde er denselben, trotzdem er aller Laster Anfang ist, doch sicherlich vorziehen. Die alte biblische Ansicht, dass die Arbeit ein Fluch sei, hat immer noch ihre Verehrer.

„Fleiss und Arbeit will ich lieben,
Und mich recht im Lernen üben,"
singen zwar die Schulkinder täglich, aber nur auf Kommando ihres Lehrers. Ginge man heutigen Tages in eine Fabrik und erkundigte man sich bei den Arbeitern in Bezug auf die Freude und Lust an ihrer Beschäftigung, so fände man sicher, dass sie alle das Bummeln, vorausgesetzt, dass man ihnen dazu die Mittel gewährte, dem Aufenthalte in der Werkstätte vorziehen würden. Ja, den meisten in Amerika umherziehenden Tramps oder Landstreichern geht es wie jenem deutschen Handwerksburschen: sie suchen beständig Arbeit, danken aber ihrem Schöpfer, wenn sie keine finden. Das eiserne Lohngesetz unserer Zeit aber heisst: „Wer nicht arbeitet, soll auch nicht essen"; denn jene mythische Periode, in der es Manna vom Himmel regnete, oder in der

Jemand Wasser in Wein verwandeln konnte, ist längst vorbei und kehrt allem Anscheine nach auch nicht wieder. Unausgesetztes Arbeiten ist also das Losungswort unserer Zeit. So lange das Gold im Boden Kaliforniens schlummerte, war es für die Menschheit werthlos; sobald es aber die Goldgräber mit schwieligen Händen an das Licht des Tages förderten, vermehrte sich unser Nationalreichthum und blühende Städte und herrliche Niederlassungen schossen sogar in vorher unwirthlichen Gegenden wie Pilze aus dem Boden hervor. Ein Land mag von Natur aus noch so reichlich mit Hilfsquellen ausgestattet sein, dieselben haben doch nur dann Werth, wenn sie zum Gebrauche der Menschen hergerichtet werden, was niemals ohne Arbeit geschehen kann. Die Sonne mag die Früchte zur Reife bringen; der Mensch aber muss sie einheimsen, wenn er sie geniessen will. Das Gras wächst von selber und wird vom Vieh gefressen; letzteres aber hat nur dann Werth, wenn es geschlachtet und sein Fleisch geniessbar und seine Haut zu Leder verarbeitet wird. Würde man hingegen das Vieh lediglich zum Vergnügen tödten, so wäre es werthlos; nur wirkliche Arbeit also verleiht den Naturprodukten erst den eigentlichen Werth.

Dass zur Zivilisation ein gewisser Wohlstand gehört, unterliegt keinem Zweifel; wer also denselben nicht mit allen Kräften anzustreben versucht, versündigt sich am Geiste seiner Zeit. Christus nennt zwar den Mammon ungerecht, empfiehlt aber doch seinen Jüngern, sich Freunde mit ihm zu machen. Arme Leute, die weder Häuser, Schulen, Bücher oder Werkzeuge besitzen, werden wenig oder gar nichts zum Besten der Zivilisation beitragen; alle diese Dinge aber sind nichts anderes als Kapital, das verarbeitet werden musste, einerlei nun, ob dies durch die jetzige oder eine frühere Generation geschah.

Arbeit ist mithin die Basis aller Zivilisation. Wir haben hier prächtige Schulhäuser, das ausgedehnteste Eisenbahnnetz der ganzen Welt, grossartige Fabriken und ergiebige Bergwerke, aber nur, weil es früher Leute gegeben hat, die sich durch Arbeiten,

Entbehren und Sparen die Mittel zur Gründung und Führung derselben verschafften. Ein mittelloses Land hingegen, dessen Bewohner von Hand zu Mund leben, kann weder Eisenbahnen bauen, noch Fabriken errichten, noch überhaupt ein Institut in's Leben rufen, ohne das wir uns die jetzige Civilisation gar nicht denken können.

Mag nun auch der Reichthum an Gold, wie z. B. in Kalifornien, allmälig abnehmen oder wohl gar verschwinden, die Fruchtbarkeit aber des Bodens bleibt und sichert in Verbindung mit Arbeit jenem Staate Wohlstand und Zivilisation für alle Zeiten zu.

Kein Mensch kann sich, wie die Bedürfnisse nun einmal sind, Alles selber herstellen, noch kann er alle Feldfrüchte ziehen, die zum Lebensunterhalte nöthig sind; einestheils hat nämlich das Verkehrsleben jedem Menschen eine besondere Beschäftigung angewiesen, die er nicht gut mit einer andern verbinden kann und anderntheils sind sich Klima und Boden nicht überall gleich, um an jedem Platze die gewünschten Früchte ziehen zu können. Nun aber kann ein Schuster mehr Schuhe fabriziren, als für den Bedarf seiner Kunden nöthig ist, und ein Landmann kann einen Ueberschuss an Produkten des Bodens erzielen; dieselben sind nun an Ort und Stelle überflüssig und werthlos; sie erhalten aber Werth, sobald sich ein lohnenden Markt dafür findet. Ist derselbe nicht vorhanden, so wird sich Niemand mehr mit Arbeiten quälen, als nur zum Zwecke der Befriedigung seiner Bedürfnisse nöthig ist. Desshalb also wird Handel getrieben, um die Vermittlung zwischen Produzenten und Konsumenten zu besorgen. Der Handel ist mithin ein gewaltiger Faktor im zivilisirten Leben und die in der Krummacher'schen Parabel von den drei Pfirsichen vertretene Idee, wonach es für einen Knaben seelengefährlich ist, sich dem Kaufmannsstande zu widmen, dürfte wohl längst zu den abgestandenen gezählt werden. Für Amerika passt sie wenigstens nicht.

Uebergeben wir nun unsere überflüssigen Produkte dem Händler, so muss uns derselbe dafür ein Unterpfand in den Händen lassen, das wir überall verwerthen, oder mit andern Worten, umtauschen können. Diesem Zwecke nun entspricht das Geld, dessen eigentlicher Werth darin besteht, dass das dazu nöthige Material nicht überall gefunden wird und dass zur Gewinnung und Herstellung desselben Zeit und Arbeit nothwendig sind. Da das Geld nun ein gewisses Quantum Arbeit repräsentirt, so ist es auch leicht begreiflich, dass es niemals unter den Menschen gleich vertheilt sein wird; denn der eine ist stärker, ausdauernder, fleissiger, sparsamer und enthaltsamer als der andere und gelangt in Folge dessen eher zu Wohlstand als derjenige, der nur so viel produziren kann, als er konsumirt. Eine kommunistische Theilung alles existirenden Eigenthums wäre daher nicht allein eine unverzeihliche Ungerechtigkeit, sondern zugleich auch ein schrecklicher Blödsinn; denn nach wenigen Tagen stellte sich ja doch wieder die einmal unvermeidliche Ungleichheit ein. Dies verlangen daher auch die Sozialisten nicht, sondern ihr Hauptaugenmerk ist auf die gänzliche Abschaffung alles Privateigenthums gerichtet.

Bei den meisten Geschäften und Handwerken muss ein gewisses Kapital vorhanden sein, ehe sie überhaupt betrieben werden können. Die Lust zum Arbeiten und die Gabe der Ausdauer mag vorhanden sein, aber ohne die nöthigen Waaren und Werkzeuge, mit andern Worten, ohne das nöthige Kapital können sie nicht betrieben werden. Es ziehen z. B. Pioniere in eine unkultivirte Gegend des fernen Westens, um Gold zu suchen; sie haben sowohl Lust wie Kraft zu ihrem selbstgewählten Berufe, aber damit verschaffen sie sich zu Anfang weder Wohnung, noch Nahrung und Kleidung, und sie müssten sicherlich verhungern. wenn es nicht bemittelte Leute gäbe, zu denen sie sprechen könnten: Wir geben euch unsere Kraft und Ausdauer und ihr versorgt uns dafür mit Handwerkszeug, Nahrung und Kleidung. Sie werden also, da es ihnen an Kapital fehlt, sogenannte Lohnarbeiter; aber nur so lange, bis sie sich so viel erübrigt haben, dass sie ihre Arbeit mit Erfolg auf eigene Rechnung fortführen können. Wenn es nun keine Leute gäbe, die Ueberfluss an

Kapital besässen, oder die ihr Geld müssig in eiserne Kisten legten, anstatt es gewinnbringend für Arbeitslöhne auszugeben. so wäre sicherlich der kapitallose Mensch übel dran. Es fehlte ihm nicht an Gelegenheit, die Kraft seines Armes zu beschäftigen, aber es wäre Niemand da, der ihm ein Aequivalent dafür lieferte. Wir sehen also wieder, dass Arbeit und Kapital nothwendigerweise auf einander angewiesen sind und dass es in ihrem gegenseitigen Interesse liegt, wenn der grösste Friede zwischen ihnen waltet.

Das Kapital besteht aus gesammelten Ersparnissen und wer dieselben besitzt, wird nur dann zum Feinde der Arbeiter, wenn er sie in einen alten Strumpf steckt und unter sein Kopfkissen legt.

Je zahlreicher die besitzlose, arbeitende Klasse ist, ein desto grösserer Segen für sie ist es, wenn sich das Kapital in grosser Masse vorfindet und man es gegen Arbeit eintauschen kann. Zu Letzterem hat nun der Arbeiter hauptsächlich in Amerika Gelegenheit, denn in keinem andern Lande der Welt lässt man das Geld mehr arbeiten und zirkuliren, als gerade hier. Der Stand der sogenannten Rentiers ist hier noch sehr schwach vertreten; auch sagt derselbe dem amerikanischen Charakter durchaus nicht zu; dem dolce far niente vermag selbst der reichste Yankee keinen Geschmack abzugewinnen. Wenn er sich nicht immerfort in geschäftlicher Thätigkeit und Aufregung befindet, so wird er sich selbst zur Last; dieselben sind ihm Bedürfniss und die Befriedigung desselben gewährt ihm denselben Genuss, wie dem Musikkenner das Anhören einer Wagner'schen Oper. Der Gewinn erfreut ihn; der Verlust aber drückt ihn nicht im Mindesten nieder, sondern treibt ihn nur zu erhöhter Thätigkeit an. Nie aber wird er sich dazu entschliessen können, sein Geld müssig in eine Kiste zu legen.

Da nun hier in Folge dieser Charaktereigenthümlichkeit auf allen Gebieten ein ungemein reges Geschäftsleben herrscht, so wird es auch in keinem andern Lande der Erde dem mittellosen

Arbeiter so leicht gemacht, sich in kurzer Zeit durch Fleiss und Sparsamkeit einen eigenen Herd zu gründen, oder sein eigener Herr zu werden. Im alten Europa ist nur dies ausnahmsweise der Fall, hier aber ist es Regel, und der eingewanderte Arbeiter, der nichts als seine gesunden Arme herübergebracht und hier fünf bis sechs Jahre ausdauernd in irgend einer Branche gearbeitet hat, aber alsdann noch nicht einmal ein bescheidenes Heim sein Eigenthum nennen kann, muss entweder die edle Kunst des Sparens nicht verstehen, oder sein erübrigtes Geld für besondere Zwecke verausgabt haben, oder schliesslich auch nicht den allergeringsten Trieb in sich verspüren, sich vorwärts zu arbeiten. Amerika ist immer noch das Eldorado der arbeitenden Klasse, zugleich aber auch die Heimat der „Self made Men", oder der Männer, die da die gebotene Gelegenheit zu benützen verstehen, sich aus eigener Kraft emporzuschwingen.

Hier steht Jedem sozusagen Alles offen; was er also aus sich macht, das ist er. Im alten übervölkerten Vaterland hingegen herrscht in den niedern Klassen Hunger und Elend; jeder Zweig menschlicher Thätigkeit ist überfüllt und das Angebot der Arbeit steht zur Nachfrage im ungünstigsten Verhältniss. Der Lohn ist auf das grösstmögliche Minimum herabgedrückt, wodurch eine menschenwürdige Existenz für den Unbemittelten zur Unmöglichkeit geworden ist. Der amerikanische Arbeiter isst in einem Monate mehr Fleisch, als der deutsche im ganzen Jahre; die Löhne dahier sind im Durchschnitt hoch und die Hauptlebensmittel billig, währenddem sich in Deutschland das umgekehrte Verhältniss vorfindet. Es gibt Tausende, ja Hunderttausende von darbenden Familien im alten Vaterlande, die gerne auswandern möchten, wenn sie nur das nothdürftigste Reisegeld auftreiben könten, und es wäre daher ein Werk der Humanität, wenn die Deutschamerikaner durch die ganzen Vereinigten Staaten eine Organisation gründeten, deren Hauptaufgabe in der Beschaffung der Mittel für jene Armen bestünde. Dies wäre die einzig mögliche Annexion Deutschlands an Amerika, von der früher einige

Schwärmer träumten. Amerika aber hat wahrhaftig Platz und Brod für Alle.

Man gibt sich zwar in Deutschland die undenklichste Mühe, die Auswandsrung zu beschränken; aber an das einzig wirksame Mittel, die Heimat auch zu einer wirklichen Heimat zu machen, denkt man nicht, und wenn man daran denkt, so fehlt die Möglichkeit, es thun zu können. Den deutschen Jünglingen trichtert man frühzeitig ein, dass es süss sei, für das Vaterland zu sterben, hätten aber die meisten derselben die Mittel zur Auswanderung ich glaube, sie würden alsdann den Staub der Monarchie von den Füssen schütteln und denken, es sei süsser für eine freie Heimat zu leben.

Von Deutschland aus wird jeden Augenblick der Klingelbeutel über den Ozean gereicht, um ihn hier für dort zu erbauende Denkmäler oder Kirchen zu füllen, trotzdem es in Bezug auf letztere heisst, dass Gott nicht in Tempeln von Menschenhand gemacht wohne; derartige Bauten sind uns nun im Allgemeinen gleichgiltig, denn ob Deutschland einige Denkmäler und Kirchen mehr oder weniger hat, macht uns keine Sorge. Wenn aber die Noth ihren Angstschrei herüberschickt, dann fühlen wir wieder, dass die Deutschen des alten Vaterlandes unsere Brüder sind und greifen alsdann recht tief in die Tasche. Ja, es bedarf in diesem Falle nicht erst einmal des Nothrufs, denn wir sind alsdann auch ohne denselben zur Hilfe bereit.

Doch kehren wir nun zu unserem eigentlichen Thema zurück.

Kein Mensch kann an der Grösse und Häufigkeit des Kapitals ein solches Interesse haben, als gerade der Arbeiter, der gezwungen ist, für seinen Lebensunterhalt Dienste zu verrichten. Kommt das Kapital durch Krieg oder eine plötzliche Geschäftskrisis in Gefahr, so leidet stets der Arbeiter zuerst darunter; denn jeder Kapitalist zieht alsdann sein Geld so rasch wie möglich aus seinem Unternehmen und bringt es auf irgend eine Art in Sicherheit. Wer aber das Geld als den natürlichen Feind der

Arbeiter betrachtet, wie die Sozialisten thun, steht sicherlich auf einem sehr vorurtheilsvollen Standpunkte. Wenn man, wie es einige Arbeitervereine thun, dem Kapitalisten vorschreibt, wie viele Lehrlinge er beschäftigen und wie viele Stunden er täglich arbeiten lassen soll, so schadet man einfach dem Unternehmungsgeiste und somit dem Arbeiter. Es ist nicht mehr als billig, dass man dem Arbeitgeber das Recht einräumt, die Bedingungen zu stellen, unter denen er arbeiten lassen will; derjenige, dem dieselben nicht gefallen, braucht sie ja nicht anzunehmen.

Der Arbeiter bildet überhaupt keinen für sich abgegrenzten Stand, am wenigsten aber in Amerika, wo die Verhältnisse oft so schnell wechseln, dass man heute Taglöhner, morgen aber Arbeitgeber, mithin Kapitalist ist.

Von meinem Kapitale oder Eigenthum kann ich entweder selber Gebrauch machen, oder es Andern zum Gebrauch überlassen. Lasse ich einen Andern in meinem Hause wohnen, so verlange ich Miethe dafür; überlasse ich einem Andern mein Geld zum Gebrauche, so verlange ich Zinsen dafür, Jener arbeitet also mit meinem Eigenthum, anstatt dass ich es selber thue. Die Miethe eines Hauses hängt von der Lage, Grösse und der Beschaffenheit desselben ab; ein Haus im Geschäftstheile einer Stadt gelegen, bringt selbstverständlich mehr Miethe ein, als wenn es in einem Dorfe stände. Was würde man nun von einer Regierung denken, die dahinginge und durch ein Spezialgesetz die Höhe der Miethe für alle Häuser vorschriebe? Unstreitig ginge dieselbe zu weit und beeinträchtigte die Bürger in der Verwerthung ihres Eigenthums. Würde der amerikanische Bundeskongress ein derartiges Gesetz erlassen, so hätten allerdings augenblicklich die armen Leute Vortheil davon und die Demagogen würden Hosianna schreien; bald aber änderte sich die Sachlage, denn kein Kapitalist wäre mehr dazu zu bewegen, sein Geld in das Erbauen von Miethshäusern zu stecken. Die Häuser würden also rarer und die Maurer und Zimmerleute hätten weniger zu thun. Immerhin hätten also die mittellosen Arbeiter das Meiste durch ein derartiges Gesetz zu leiden. Ein Haus ist Privateigenthum des Besitzers, der es entweder selber benützt, oder vermiethet wie er kann oder will. Um es zu bauen, war Geld nöthig; verleiht der Reiche nur das Geld direkt, anstatt es in irgend einem Unternehmen gewinnbringend anzulegen, so hat er das unbestreitbare Recht, Zinsen dafür zu verlangen. Die Puritaner Neuenglands hatten in der Kolonialzeit ein Gesetz, welches Zinszahlungen für geliehene Kapitalien verbot; wie dasselbe wirkte, kann ich nicht sagen; so viel aber ist sicher, dass sich die Nachkommen dieser Pioniere heute mit Händen und Füssen gegen die Wiederbelebung eines solchen Gesetzes wehren würden. Wer Geld von mir borgt, kann dasselbe ja zum Bauen eines Hauses, für das er Miethe erhält, benützen; so wenig nun eine Regierung die Höhe der Hausmiethe bestimmen kann, eben so wenig kann sie rechtlicher Weise den Zinsfuss regeln. Letzteres aber ist trotzdem hier geschehen und wenn dasselbe unstreitig sein Gutes hat und der schmachvollen Wucherei Einhalt thut, so ist es doch immerhin ein unverzeihlicher Eingriff in die Eigenthumsrechte der Bürger. Wucherei wird desshalb doch getrieben; denn wer Geld haben will und wenig Kredit geniesst, muss sich in die Bedingungen des wagenden Kapitalisten fügen.

Das Kapital ist also in jeder Hinsicht eine Nothwendigkeit. Es ist das Resultat vorhergegangener Arbeit und Entbehrung, auf welchem Gegenwart und Zukunft weiter bauen können. Ohne ein solches würde der Fortschritt ein äusserst langsamer sein. Das Kapital ist der Vater der Industrie, der Kunst und Wissenschaft und steht stets mit der Arbeit in der engsten Verbindung.

Die Bedürfnisse der Menschen steigern sich von Jahr zu Jahr; dadurch aber werden alle zugleich zu erhöhter Thätigkeit angespornt und die Arbeit selber wird eine mannigfaltigere. Wer früher dahier ein Jahreseinkommen von 600 Dollars hatte und ein einfaches Haus bewohnte, dünkt sich jetzt arm, wenn er nicht einen Palast mit einem herrlich ausstaffirten Empfangszimmer sein eigen nennen und jährlich von 4—5000 Dollars verzehren kann. Am Gelde hängt einmal Alles und das Streben nach demselben tritt in keinem Lande so fieberhaft auf, wie hier. Alle Stände sind von dieser Sucht gleich ergriffen; mag der Geistliche von der Kanzel noch so sehr dagegen wüthen, er weiss es nur zu gut, dass es die Verhältnisse und der Geist des öffentlichen Lebens einmal so mit sich bringen und dass er selber gegen das Prinzip der Selbsterhaltung sündigte, wenn er seine Worte durch die Praxis bethätigte. Pensionen gibt es für ihn dahier nicht, ebenfalls auch keine permanente Anstellung und so ist denn auch er nolens volens gezwungen, Heu zu machen, so lange die Sonne scheint. Dem politischen Beamten nimmt es daher der Amerikaner durchaus nicht übel, wenn er alle ehrlichen und unehrlichen Minen springen lässt, um während seiner kurzen Amtszeit so viel Geld wie nur möglich zusammenzuscharren; Jeder weiss, dass zur Erlangung eines öffentlichen Amtes der Kandidat vorher tief in die Tasche greifen muss und dass er diese Auslagen späterhin selbstverständlich mit Zins und Zinseszinsen zurück erwartet. Auch ein Defizit in der Kasse wird ihm oft verziehen, vorausgesetzt, dass es möglichst schlau verdeckt ist. Sich durch Bankerott wie der Kaufmann ein hübsches Sümmchen auf die Seite zu schaffen, geht in einem solchen Amte nicht und der Inhaber desselben ist daher gezwungen, sich durch unerklärliche Einbrüche in den Eisenschrank der Staatsgelder oder durch eine mit mysteriöser Knebelei verbundene gewaltsame Beraubung gegen das Zuchthaus zu schützen.

Geschäft und Religion, d. h. die äusseren Gebräuche der letzteren, betreibt der Amerikaner mit einer fabelhaften Energie. So wenig er sich erklären kann, dass ein katholischer Altbaier unbeschadet seines Christenthums nach Beendigung einer Prozession direkt mit den heiligen Insignien in ein Wirthshaus geht, um den innern Menschen zu stärken, so wenig können wir es begreifen, wenn sich ein Amerikaner auf einer Lagerversammlung von einem Methodistenpfaffen dermassen die Hölle heiss machen lässt, dass er zerknirscht niederfällt und um Gnade fleht, einige Minuten darauf aber mit dem Mann Gottes kaltblütig ein Gespräch über Geschäftsangelegenheiten beginnt. Fleissig, energisch, ausdauernd und ganz ausserordentlich thätig ist der Amerikaner, das muss man ihm zur Ehre nachsagen; in der unausgesetztesten Thätigkeit erblickt er nämlich den Hauptgenuss seines Daseins. Er sieht bald seinen Fleiss belohnt; seine Thätigkeit aber lässt dadurch nicht im Mindesten nach. Er schafft für die Zukunft und will, dass einst seine Nachkommen ein ruhigeres und sorgenfreieres Leben führen können, als ihm möglich war. Sein Fleiss liegt also ursprünglich wie überall in der Selbstsucht begründet, die übrigens in diesem Falle durchaus nicht zu verwerfen ist, sondern die höchste Anerkennung verdient. Dieser Fleiss ist zugleich der Urgrund der Moral, denn er bildet exemplarische Väter und Mütter. Nur durch Fleiss wird der drohende Pauperismus bekämpft und da man hier im Allgemeinen leicht eine passende Thätigkeit für seine geistige oder körperliche Kraft findet, so gibt es auch für einen gesunden Menschen keine grössere Schande, als von Haus zu Haus betteln zu gehen.

Schon den Schulknaben beseelt ein auf das Praktische gerichteter Sinn und er nimmt jede Gelegenheit wahr, sich nützliche Kenntnisse anzueignen. Wo er Gelegenheit hat, sich etwas Geld, und seien es auch nur wenige Cents, zu verdienen, da lässt er sie sich nicht entgehen. Er verkauft in seiner freien Zeit Zeitungen, trägt einem Fremden die Reisetasche, oder stellt sich an einem heissen Sommertage in eine kühle Ecke und verkauft Apfelsinen und Limonade. Dadurch nun lernt er frühzeitig den Werth des Geldes kennen und merkt sich auch, dass er sich im Leben nur durch Fleiss und Sparsamkeit vorwärts bringen kann.

Der verstorbene Horace Greele gab einem jeden amerikanischen Jünglinge den Rath, ein Handwerk zu erlernen, auch wenn es seine Absicht sei, später eine gelehrte Laufbahn zu betreten; so dass er also, im Falle er als Advokat, Pastor oder Doktor keinen Erfolg habe, doch noch eine Festung besitze, in die er sich im Kampfe um das Dasein zurückziehen könne. Unsere Jugend bindet sich auch nicht gerne an die Scholle; „nach dem Westen" heisst ihr Losungswort. Dort wollen die jungen Leute mit einer Ansiedlung aufwachsen und reich werden. Von einem bestimmten Geschäfte also machen sie ihre Existenz nicht abhängig und sie verstehen es trefflich, sich in die Verhältnisse zu finden und sich denselben anzubequemen. Wenn sich die Arbeit nur bezahlt, so ist sie willkommen; keine ehrliche Beschäftigung schändet. „Help your self" heisst das amerikanische Nationalsprichwort und es ist dies ein herrliches Sprichwort. Alle unsere grossen und hervorragenden Männer sind erst in der Schule der Noth gestählt worden; denn Amerika ist kein Land für die in der Kindheit verwöhnten und verzogenen Muttersöhnchen. Aber nach jahrelangem Fleisse winkt hier der schöne Preis der Unabhängigkeit und Sellbstständigkeit, der sicherlich des Schweisses der Edlen werth ist. Wer nach Amerika kommt und vorher arbeiten und entbehren gelernt hat, kommt hier, auch wenn er ohne einen Cent in der Tasche an's Land tritt, schnell vorwärts wohingegen der an das süsse Nichtsthun gewöhnte Baron oder Graf, der da mit Tausenden kommt und der da glaubt, Amerika stände da und warte mit goldenen Bergen auf seine Ankunft, in kurzer Zeit zu Grunde geht.

Als ich vor zehn Jahren eine kleine Besuchsreise nach New-York machte, traf ich dort zufällig einen Mann, der aus meinem Wohnorte Deutschlands stammte und der nebst Mutter und Geschwistern auf Gemeindekosten nach Amerika geschickt worden war und zwar aus dem Grunde, weil die Gemeinde der ewigen Unterstützungen müde war. Als ich ihn nun sah, war er im Besitze einer kleinen Seifenfabrik und konnte sich eines Eigenthums von 30,000 Dollars Werth rühmen. In Deutschland hatte er die bitterste Noth kennen gelernt und war an die fabelhaftesten Einschränkungen gewöhnt; desshalb war es ihm auch in Amerika verhältnissmässig leicht geworden, sich durch Fleiss,

Ausdauer und Sparsamkeit vorwärts zu bringen. Ausserdem hatte das Elend seinen Geist geschärft, sodass er es wohl verstand, sich jede günstige Gelegenheit nützlich zu machen.

Mehrere Tage darauf begegnete ich in derselben Stadt einem Manne in sehr reducirten Verhältnissen; wir kannten uns von Jugend auf und hatten früher zusammen das Gymnasium besucht. Sein Vater war plötzlich gestorben und da das hinterlassene Vermögen kaum nennenswerth war, so hatte sich seiner eine kinderlose, reiche Tante angenommen und ihn gründlich verhätschelt. Er erlernte die Kaufmannschaft, wohingegen sein einziger Bruder zu einem Küfer in die Lehre ging. Der junge Kaufmann frequentirte in Deutschland die feinsten Gesellschaften, denn die liebe Tante geizte durchaus nicht mit ihrem Gelde. So lebte er denn in Saus und Braus, währenddem sich sein Bruder bei einem groben Küfermeister abquälte. Ersterer war überall gerne gesehen, um letzteren aber bekümmerte sich kein Mensch und als er, nachdem er glücklich ausgelernt hatte, nach Amerika auswanderte, weinte ihm Niemand eine Thräne nach.

Als die Tante des Kaufmanns starb, hinterliess sie ihrem Lieblinge ein bedeutendes Vermögen. Derselbe verbrauchte einen Theil desselben, um noble Passionen zu befriedigen und mit dem Rest versuchte er sich ein Geschäft zu gründen. Da ihn jedoch die Noth nicht haushalten gelehrt hatte und er den eigentlichen Werth des Geldes schon desshalb nicht kannte, weil seine Schweisstropfen nicht daran klebten, so ging's schnell mit ihm bergab und kaum blieb ihm zuletzt noch so viel übrig, um damit das allgemeine Zufluchtsland aufsuchen zu können. In Deutschland hatte der Himmel für ihn voller Bassgeigen gehangen, in Amerika aber sah er nur unheilschwangere Wolken daran. Eine ihm passende Stelle zu finden, war unmöglich und für gewöhnliche Handarbeiten fehlte ihm die Lust: auch erlaubte dies sein Stolz nicht. Er sank von Stufe zu Stufe und als er sich gar nicht mehr zu helfen wusste, da erinnerte er sich seines Bruders und stellte Erkundigungen über dessen Aufenthalt an. Er erfuhr dann, dass derselbe glücklicher Besitzer einer Bierbrauerei eines Städtchens des Westens sei und liess sich von ihm das Reisegeld schicken. Er fand die liebevollste Aufnahme; sein Gesundheitszustand war jedoch durch regelloses Leben so sehr zerrüttet, dass er trotz der aufmerksamsten Pflege mehrere Monate darauf das Zeitliche segnete.

Amerika ist, wie gesagt, kein Land für verwöhnte Muttersöhnchen; es erfordert starke Arme und Nerven, um sich hier Bahn zu brechen. Wer hier aber immer und ewig über die unsympathischen Zustände klagt und stets von seiner alten, schönen Heimath faselt, der ist entweder ein Aufschneider oder ein Narr; denn warum ist er nicht dort geblieben? Ein Mann aber, den die Noth herüber brachte — und dies ist doch bei den allermeisten der Fall — wird, nachdem er hier das rege Leben und Treiben gesehen hat, bald merken, dass sich eine Theilnahme an demselben lohnt. Diejenigen, die in einem Anfalle von Wehmuth und Mondscheinduselei wieder in die alte Heimath zurückkehrten, haben es doch nur sehr kurze Zeit daselbst ausgehalten und später ihrem Schöpfer gedankt, als sie wieder amerikanischen Boden unter den Füssen hatten.

Amerika ist ein Land, das da fähig ist, bequem seine 400 Millionen Einwohner ernähren zu können; denn drei Viertel alles Bodens, also gegen 1,480 Millionen Acker, können gewinnbringend urbar gemacht werden. Die bis jetzt entdeckten Kohlenfelder nehmen zusammen einen Flächenraum von 5,800 deutschen Quadratmeilen ein, wohingegen das Kohlenfeld Englands nur eine Ausdehnung von 480 Quadratmeilen besitzt. Die Vereinigten Staaten liegen in der gemässigten Zone und sind also gegen die schädlichen Einwirkungen der tropischen und kalten Zone geschützt und die Geschichte zeigt, dass alle wahre Kulturentwicklung und Zivilisation nur in einem gemässigten Klima stattgefunden hat. Der günstigen Lage zwischen zwei Weltmeeren ist es zuzuschreiben, dass sich ein grosser Theil des Handels in Händen der Amerikaner befindet. Nach Europa schicken sie Waizen, Zucker,

Tabak, Baumwolle, Fleisch und zahlreiche Metalle, nach Asien liefern sie die Erzeugnisse ihrer ausgezeichneten Industrie und handeln dafür Thee, Seide, Porzellan u. s. w. ein. An Fabrikerzeugnissen lieferte unser Land i. J. 1810 für 198 Millionen Dollars, i. J. 1870 aber für 3,575 Millionen Dollars. Die amerikanischen Eisenbahnen nehmen eine Strecke von 80,000 deutschen Meilen ein. Unsere Landwirthschaft kann im Nothfall die alte und die neue Welt mit Brod versorgen; die Baumwolle des Südens reicht hin, den grössten Theil der Menschheit mit Kleidern zu versehen.

Unsere Fabriken besitzen die besten Maschinen der Welt und unsere Arbeiter sind im Durchschnitt die leistungsfähigsten bestgenährten, bestgekleideten und bestgebildeten der Erde. Gute und billige Nahrungsmittel haben wir in Hülle und Fülle, Land für den Farmer und Rohmaterial für den Fabrikanten sind im Ueberfluss vorhanden und dadurch erfreuen wir uns des lohnendsten Feldes für die Arbeiter irgend einer Art.

Im Jahr 1870 wurden in den Verein. Staaten Ackerbauwerkzeuge im Gesammtwerthe von 50 Millionen Dollars fabricirt, und nur ein sehr kleiner Theil derselben war für Exportation bestimmt. Die Städte Charleston, Mobile, Savannah, Neworleans, Memphis u. s. w. verdanken dem Baumwollenhandel ihren Ursprung; das Schweinefleisch hat Cincinnati, das Eisen Pittsburgh und das Getreide Chicago und Buffalo gebaut.

Die amerikanischen Lokomotiven und Nähmaschinen sind weltberühmt und werden nach allen Richtungen der Windrose verschickt. Die hiesigen Pianos können nicht übertroffen werden und finden trotz ihres hohen Preises überall in der alten Welt Absatz. Die Fabrikation der Uhren, die jetzt in elf grossen Fabriken betrieben wird, ist bereits eine derartige, dass die Importation der Uhren aus der Schweiz gewaltig nachgelassen hat und zwar durchaus etwa nicht in Folge des darauf liegenden Eingangszolles. Die Amerikaner stellen jetzt die Uhren so billig her, dass sie bereits mit den Schweizern auf dem Weltmarkte erfolgreich konkurriren können. Alles dies zeigt, dass es der Amerikaner trefflich verstanden hat, sich die Kräfte und Quellen der Natur zu Nutzen zu machen und dass er auch die Bedeutung der immer vollkommener werdenden Maschinen wohl zu würdigen wusste. Das Maschinenwesen hat zwar viele Leute an ihrem bisherigen Platze entbehrlich gemacht, dafür aber der Welt billigere und bessere Produkte geliefert.

Wodurch aber war eine solche erstaunliche Entwicklung der amerikanischen Industrie möglich? Der natürlichen Hilfsquellen, der ausgedehnten Handelsverbindungen und der vielen Verkehrswege haben wir bereits gedacht; aber alles dies zusammengenommen gibt uns noch keine befriedigende Antwort auf unsere Frage. Das Meiste in dieser Hinsicht verdanken wir, um es kurz zu sagen, der Einführung des Schutzzolls, wodurch einestheils die Waaren der Fremde von dem hiesigen Markte ausgeschlossen, anderntheils aber die hiesigen Kapitalisten ermuthigt wurden, ihre Gelder zur Anlage grossartiger Fabriken, Bergwerke und Eisenbahnen herzugeben.

Wir kommen nun an das so häufig ventilirte Kapitel vom Freihandel und Schutzzoll, also an eine Frage, welche die vielseitigste Behandlung erfahren hat. Ich habe mich, um mir darüber ein sicheres Urtheil zu bilden, durch eine Masse darauf bezüglicher Werke gequält; las ich das Buch eines Freihändlers, so fand ich dessen Ansichten plausibel; nahm ich darauf das Werk eines Schutzzöllners in die Hand, so kam mir sein Gegenfüssler als unpraktischer Schwärmer vor und so ging es mir abwechselnd weiter. Mir ging es da wie jenem Manne, der sich über die amerikanische Politik informiren wollte und abwechselnd zu einer demokratischen und republikanischen Zeitung griff. Zuletzt wusste er vor lauter Politik nicht, auf welche Seite er sich schlagen sollte; denn jede Partei hatte schwerwiegende Gründe gegen die andere aufzustellen. So fand ich dann auch, dass die Freihändler wie Schutzzöllner für ihre Ansichten stets statistische Belege beizubringen wussten, die ich, da ich aus der Nationalökonomie kein Spezialstudium gemacht habe, auf guten Glauben hin annehmen musste; wenigstens konnte ich keinem das Gegentheil beweisen. Die Sache musste also an einem andern Ende angepackt werden.

Von allen Kulturländern hat hauptsächlich England das Prinzip des Freihandels zu seinem nationalökonomischen Glaubensbekenntniss erhoben. Es möchte nämlich die Erzeugnisse seiner Industrie gerne zollfrei nach allen Enden der Welt bringen und dadurch den Handel für sich monopolisiren. Man sagt gewöhnlich, der Schutzzoll sauge den Arbeiterstand und das Volk aus; dasselbe kann aber auch vom Freihandel gesagt werden und wer sich davon überzeugen will, der braucht nur nach England zu gehen und sich die dortigen Verhältnisse näher anzusehen. Die Arbeiter daselbst werden ausserordentlich schlecht bezahlt, wie denn überall auf der ganzen Erde der Fabrikant, sei er nun Schutzzöllner oder Freihändler, stets darauf bedacht ist, den Lohn so viel wie möglich herabzudrücken. England will freie Aus- und Einfuhr; denn z. B. noch Zoll auf das unentbehrliche Getreide zahlen zu müssen, wäre seinem verarmten Arbeiterstande doch zu viel zugemuthet. Der nationale Egoismus also hat die Engländer zu Freihändlern, uns hingegen zu Schutzzöllnern gemacht; denn ohne einen Schutzzoll hätte sich unsere Industrie trotz unserer reichsten Hilfsquellen niemals so grossartig entwickelt.

Wir wollen den hiesigen Arbeiter nie und nimmer auf das Niveau seines europäischen Kollegen herabdrücken; er soll hier die Gelegenheit haben, eine menschenwürdige Existenz führen zu können, und das kann er bei einem Hungerlohne nicht. Erlaubten wir den Engländern oder andern Völkern ihre billig produzirten Waaren zollfrei einzuführen, so würden wohl einige Kaufleute dabei gewinnen, der Arbeiter aber gezwungen sein, entweder geringeren Lohn zu nehmen, oder sich eine ihm bisher ungewohnte Beschäftigung zu suchen.

Vor dem Unabhängigkeitskriege bestand die Hauptbeschäftigung der Amerikaner im Ackerbau; doch die Führer der Revolution, wie Washington, Jefferson, Hamilton u. s. w., sahen ein, dass zur Entwicklung der einheimischen Industrie etwas gethan und dass die Unabhängigkeit Amerika's nicht allein im Kriege, sondern auch im Frieden gewahrt werden müsse. Sie boten also ihren ganzen Einfluss für die Einführung eines Schutzzolles auf, und siehe da, die Hochöfen, die vor der Revolution stille gestanden hatten, nahmen nun auf einmal ihre Arbeit wieder auf; denn der Eingangszoll auf Eisen sicherte ihnen daher einen lohnenden Markt für ihre Produkte. Da jener Zoll anfangs nicht hoch genug war, so wurde er späterhin nochmals erhöht und das Eisengeschäft blühte und gedieh allenthalben.

Infolge des Schutzzolles entwickelte sich hauptsächlich die Eisenindustrie Pennsylvaniens und Alles ging recht gut, bis 1816 die Freihändler im Kongress den Schutzzoll dermassen herabdrückten, dass Amerika nicht mehr mit England konkurriren konnte. 1824 wurde daher der Eingangszoll wieder erhöht.

Der Schutzzoll sorgt ferner dafür, dass das Geld im eigenen Lande bleibt und dass dem vorhandenen Kapitale ein grösserer Spielraum zur Verwerthung gesichert wird. Indem wir dadurch angetrieben werden, Alles zu produziren, was wir gebrauchen, ist eine heilsame Mannigfaltigkeit in die Beschäftigung der besitzlosen Klasse gebracht worden; denn ein Land, das hauptsächlich nur einen Industriezweig kultivirt, verarmt in Folge der grossen Konkurrenz, die sich alsdann das Kapital schafft. So haben die Korndistrikte Russlands durchgängig eine arme Bevölkerung; dasselbe gilt von den Gegenden Schlesiens, in denen hauptsächlich Leinwandweberei getrieben wird, und dasselbe war auch hier in Amerika, z. B. in Maine der Fall, dessen Bewohner sich vor 70 Jahren nur mit dem Fällen der Urwaldbäume nährten.

Jeder möchte natürlich so billig wie möglich einkaufen und so hoch wie möglich verkaufen, das ist die Tendenz aller Menschen auf der ganzen Erde. Nun tritt der Freihändler zum Farmer und macht ihm klar, dass er unter dem Schutzzoll seine

Ackerbaugeräthe viel theurer als unter dem Freihandelssystem bezahlen müsse und zwar desshalb, weil dieselben in fremden Ländern viel billiger hergestellt werden. Welches Interesse aber hat der Farmer als Geschäftsmann an der Unterstützung eines hungernden Proletariates in Europa? Wäre es wohl zu seinem Vortheile, wenn sich die dahier bisher in Fabriken beschäftigten Arbeiter auf einmal nach einer andern Thätigkeit umsehen müssten? Denn was bliebe ihnen anders übrig, als sich ebenfalls dem Landbau zu widmen?

Dem Farmer gibt die Regierung 160 Acker Land, um sein Geschäft anfangen zu können; der Fabrikant aber muss selbst zusehen, wie er das Geld für sein Unternehmen auftreibt, und hätte er in Folge des Schutzzolls keine Gewissheit, dass sein Kapital sicher angelegt sei, so würde er es viel lieber in der Tasche behalten.

Die Farm des Landwirthes wird von Tag zu Tag werthvoller; bald läuft eine Eisenbahn daran vorbei, oder es wird eine Fabrik in der Nähe gebaut, weil vielleicht Eisen oder ein anderes Metall dort gefunden wurde. Für alle diese Unternehmungen aber gibt der Farmer selbst keinen Cent aus, bezieht aber dadurch, dass nun auf einmal dicht vor seiner Thüre ein lebhafter Markt für seine Nahrungsmittel entstanden ist, einen erfreulichen Profit. Wäre nun die Industrie schutzlos und bezöge man die Waaren aus der Fremde, weil sie dort billiger zu haben sind so blieben hier die Schätze des Bodens müssig liegen; der Farmer könnte alsdann billig einkaufen, wo aber fände er einen lohnenden Markt für seine Produkte?

Der Schutzzoll bringt eine Masse tüchtiger und geschickter Arbeiter herüber, die sicherlich in der alten Heimat geblieben wären, wenn ihnen nicht hier die Gewissheit einer bessern Bezahlung winkte. Zur Vergrösserung unseres nationalen Wohlstandes aber sind uns dieselben gewiss recht willkommene Gäste.

Wir beschützen also unsere Industrie, wie wir unsere Häfen gegen feindliche Angriffe befestigen; zahlen wir hin und wieder nun für einen Gegenstand etwas mehr als unter dem Freihandelssystem, so bleibt doch das Geld im Lande und alle Geschäfte prosperiren dadurch. Der Schutzzoll sichert den amerikanischen Produkten auch einen amerikanischen Markt, und das ist denn doch auch etwas werth.

Ein geringer Arbeitslohn wirkt im höchsten Grade demoralisirend auf die Massen und untergräbt besonders das Familienleben, da alsdann häufig die Frauen und die zarten Kinder in die Fabriken getrieben werden, um durch ihre Arbeit zu helfen, dass das Allernöthigste zur Erhaltung des Haushaltes aufgebracht wird. Die Chinesen in Kalifornien mögen, da sie mit einem Hungerlohne zufrieden sind, wohl einige Kapitalisten bereichern, im Ganzen genommen aber sind sie ein Landschaden. Lieber hohe Löhne und hohe Preise, als ein verbrechenvolles Proletariat. Höhe und Niedrigkeit des Lohnes sind selbstverständlich relative Begriffe, die sich nach dem Kaufwerthe des Geldes richten.

Angenommen, man lieferte uns aus England das Eisen billiger, als wir es hier fabriziren können, so hätte unser Eisen und Erz keinen Werth für uns; so aber zwingt uns die Fabrikation jenes Metalls beständig neue Verkehrswege zu bauen, neue Hochöfen anzulegen und neue Gegenden zu besiedeln. Doch da sagen die Herren Freihändler, der Schutzzoll bilde Monopole und sei mithin nur wenigen Geldprotzen zum Nutzen. Das Wort Monopol ist überhaupt ein für Amerika unglücklich gewählter Ausdruck; denn es gibt kein Fabrikat, das nicht Jeder herstellen darf. Wenn das Gesetz bestimmte Männer ernennen würde, die da z. B. Eisen fabriziren oder Uhren machen dürften, dann hätten wir Monopolisten; durch den Einfuhrzoll aber wird doch sicherlich Niemand gehindert, irgend einen Gegenstand zu fabriziren.

Wenn ein amerikanischer Kapitalist merkt, dass in einem gewissen Industriezweig in kurzer Zeit viel Geld zu verdienen ist, so wirft er sich mit Blitzesschnelle auf denselben und sucht seinen Rivalen zu schaden. So sorgt auch schon die Konkurrenz des Kapitals dafür, dass die Bäume nicht in den Himmel wachsen.

Wenn ich nun hier von der Berechtigung und Nothwendigkeit des Schutzzolles spreche, so möchte ich nicht dahin verstanden sein, als ob ich zu Gunsten eines unnöthig hohen Tarifs sei; auch möchte ich ihn unter keiner Bedingung auf die zum Leben unentbehrlichen Dinge, wie Kaffee, Zucker u. s. w. gelegt sehen. Dadurch, dass Deutschland einen hohen Eingangszoll auf das amerikanische Fleisch gelegt hat, hat es allerdings den Viehhändlern einen grossen Gefallen gethan, das Elend der Masse jedoch noch mehr erhöht.

Wie so unsere Industrie nach Aussen durch den Schutzzoll geschützt ist, so ist sie im Innern durch die sogenannten Patente geschützt. Dieselben involviren allerdings ein Monopol, aber nur ein Monopol auf individuelles, durch Arbeit errungenes Eigenthum. Nennt man die Patentinhaber Monopolisten, so könnte man füglich auch jeden Eigenthümer eines Hauses oder eines Landgutes einen Monopolisten nennen. Es macht z. B. Jemand nach jahrelanger Mühe und nach vielen Geldopfern eine wichtige Erfindung, so ist es nicht mehr als billig, dass ihm die Regierung Schutz für dieselbe angedeihen lässt, so dass er sie verwerthen kann. Dieselbe ihrer Nützlichkeit wegen als Gemeingut Aller zu betrachten, würde allen Erfindungsgeist lahm legen; wenigstens würde sich Jeder in diesem praktischen Lande lange bedenken, ehe er Zeit und Geld ohne jede Aussicht auf Belohnung opferte. Der Eine arbeitet jahrelang fleissig und kauft sich dann für seine Ersparnisse ein Haus; der Andere hingegen verwendet seine Ersparnisse, um eine neue Maschine zu konstruiren oder eine andere wichtige Erfindung zu machen. Glückt ihm nun dieselbe, so wäre es ebenso ungerecht von ihm zu verlangen, sie der gesammten Menschheit als Geschenk anzubieten, als wenn man erwartete, dass der Erstere sein Haus Jedem zur freien Benutzung überlasse.

In dieselbe Kategorie gehört auch der hiesige Nachdruck deutscher und englischer Schriften, der daher auch mit Recht als literarischer Diebstahl bezeichnet wird. Die grosse Masse des

Volkes hat allerdings den Nutzen, dass es gute Bücher zu billigem Preise kaufen kann; aber dies geht auf Kosten des Eigenthumsrechtes. Die Abfassung eines Buches ist mit Zeit und Arbeit verknüpft und derjenige, welcher dieselben in einer literarischen Produktion anlegt, sollte dafür denselben Schutz geniessen, als wenn er sie zur Gewinnung eines andern Eigenthums, z. B. eines Hauses oder Grundstückes verwendet hätte. Jedem Arbeiter sollte der Ertrag seiner Anstrengungen überall gesichert sein.

Wenn der Sozialist, wie früher bemerkt, von Arbeitern spricht, so hat er hauptsächlich die in einer Grossindustrie beschäftigten Leute im Auge. Jener Ausdruck ist also geeignet, einen Kastengeist zu erwecken, der vorläufig in Amerika noch nicht angebracht ist. Wir sind hier alle Arbeiter; heute arbeiten wir im Dienste Anderer, morgen aber nehmen wir Leute in unsern Dienst und somit fallen die ausgeprägten sozialen Unterschiede, wie wir sie in der alten Welt vorfinden, von selbst weg; ausserdem sorgt dafür das allgemeine Stimmrecht und dann auch die englische Sprache, die keinen Unterschied zwischen „Du" und „Sie" kennt.

Jede Lebensstellung steht hier dem offen, der sich dafür tauglich zeigt. Wenn also einer hier prahlt, er sei schon dreissig Jahre Fabrikarbeiter, so ist dies eigentlich keine Ehre für ihn, denn er sagt da mit andern Worten, dass es ihm an Energie und Kenntnissen fehlte, sich inzwischen zu seinem eigenen Herrn zu machen. Wer in Deutschland sagt, er sei dreissig Jahre Knecht bei einem und demselben Herrn gewesen, erhält vielleicht einen Verdienstorden; sagt er es aber in Amerika, so wird man ihn höchstens bedauern, denn er zeigt dadurch, dass er zu nichts anderem als einer armseligen Knechtsbeschäftigung taugt.

In Europa kann man im Sinne der Sozialisten eher von einer Arbeiterklasse sprechen als hier; denn die Bevölkerung daselbst ist zu gross, der Raum für die Entwicklung der Kräfte zu klein und die durch die furchtbare Konkurrenz auf allen Gebieten geschaffenen Schwierigkeiten sind zu mächtig, um es Jedem zu ermöglichen, sich auf eine ihm zusagende Stufe zu arbeiten. Hier aber ist der Stand des Arbeiters für das Individuum ein vorübergehender; Niemand ist an die Scholle gebunden und im schlimmsten Falle findet er wenigstens überall sein Auskommen. Der Kapitalist kommt also hier dem Arbeiter nicht als solcher Tyrann vor, wie im alten Europa; wenn auch mancher derselben während seiner Lebzeit nicht mit Unrecht als Geizhals und Unterdrücker verschrieen war, beim Tode lässt er doch seinen Reichthum zurück und der dahier so ausgebildete Gemeingeist sorgt schon dafür, dass ein Theil des ergeizten Gutes wieder zum allgemeinen Besten verwendet wird. Die Ersparnisse Astor's und Girard's kommen ganz Amerika zu Gute.

Sicherlich würde sich kein Arbeiter beschweren, wenn ihn der Fabrikant ohne Weiteres zum Theilhaber seines Geschäftes, also ebenfalls zum Kapitalisten machte. Dies zu verlangen, hat er aber kein Recht und eben so wenig kann er erwarten, dass sich der Fabrikant mit ihm in den Profit theilt. Der Fabrikant steckt Kapital, also mehr Arbeitskraft in sein Geschäft und ist daher auch zum grössten Antheil am Reinertrag berechtigt. Nur wenn der Staat der alleinige Besitzer aller Fabriken, Verkehrswege und Naturprodukte wäre, liesse sich vielleicht eine gleiche Gewinnvertheilung erwarten, weshalb denn auch die Sozialisten dieses zu erstreben suchen. Die Sozialisten sind mithin Kommunisten, wozu sie das vollständigste Recht haben; nur dürfen sie nicht erwarten, dass Jeder ohne Ausnahme ihr Evangelium als unfehlbar ansieht.

Der Kommunismus widerstrebt dem Gefühle der Individualität und erniedrigt somit den Menschen zu einer willenlosen Maschine. Wie die Gesichter der Menschen alle von einander verschieden sind, so hat auch jedes Individuum seine eigenen Ansichten, Gefühle und Fähigkeiten, denen er durch sein Dichten und Trachten Ausdruck zu verleihen sucht. Dazu aber muss er sein eigener Herr sein und über seine Zeit wie über sein Eigenthum das freie Verfügungsrecht besitzen, was in einem kommunistischen Staate durchaus nicht möglich ist. Die kommunistischen Gesellschaften haben bloss dann äusserlichen Erfolg gehabt, wenn darin ein Wille massgebend war, dem sich Jeder sklavisch unterordnete. Der Kommunismus aber allein war nicht stark genug, solche Ansiedlungen zusammenzuhalten, sondern es musste noch eine besondere religiöse Idee dazutreten, um sie gegen den Bankerott zu schützen. Es ist wahr: der Pauperismus mit seinem schrecklichen Gefolge ist in den kommunistischen Niederlassungen dahier unbekannt, aber dies war nur auf Kosten der körperlichen wie geistigen Freiheit der Mitglieder möglich. Wer aber für diese edelsten Güter der Menschheit nicht zum Darben und Entbehren bereit ist, der verdient sie wahrhaftig nicht. Nur in freier Gesellschaft kann der Mensch seine Individualität zur Entfaltung bringen und je vollkommener er ist, eines desto ungehinderteren Spielraumes bedarf er.

Der Sozialismus hat seinen Ursprung im allgemeinen Elend und hat daher mehr Bedeutung für Europa als für Amerika. Die letzten Jahre haben uns in Folge der allgemeinen Geschäftsniederlage auch mit den Ideen jener Weltverbesserer vertraut gemacht und es haben besonders die Deutschen Amerika's denselben durch die Gründung mehrerer Zeitungen Ausdruck verliehen; keine derselben aber erfreute sich eines gedeihlichen, längeren Daseins. Der Geist Amerika's ist den Lehren des Sozialismus entgegen; wer aber mit aller Gewalt Kommunist sein will, kann sich ja dahier einfach einer kommunistischen Ansiedlung anschliessen, oder im Falle ihm keine der bestehenden gefällt, mit wahlverwandten Seelen eine neue gründen, wozu er durchaus keine grossen Mittel braucht.

Es muss zugestanden werden, dass die Grossindustrie in einigen Distrikten dahier Zustände geschaffen hat, die durchaus nicht wünschenswerth sind. Der Fabrikant entzieht den Familienvater den grössten Theil des Tages seinen Angehörigen, so dass es ihm nur unter Schwierigkeiten möglich ist, einen heilsamen

Einfluss auf dieselben auszuüben. In mehreren Gegenden existirt ein Familienleben bereits nur noch dem Namen nach und die Folgen davon sind eine schlechte Kindererziehung, Missachtung des Alters und die widerwärtigste Strassenrohheit, über die hier mit Recht so sehr geklagt wird. Aber muss denn auch der Arbeiter sein Leben lang Fabrikarbeiter bleiben? Der schöne Mittelstand ist hier noch lange nicht am Verschwinden, wenn er auch in einigen, einen besondern Industriezweig ausschliesslich kultivirenden Gegenden im beständigen Abnehmen begriffen ist. Jedem ist immer noch die Gelegenheit geboten, sich ein eigenes Heim zu gründen; nur muss er etwas gelernt haben, das er überall verwerthen kann. In einer Fabrik aber lernt er nur gewisse mechanische Fertigkeiten, die er ausser derselben selten verwerthen kann. Ein ehrliches Handwerk aber hat immer noch goldenen Boden. Aber Jeder sollte sich damit so einrichten, dass er sich nicht ausschliesslich auf dasselbe beschränken muss. Wenn ein guter Schmied zugleich weiss, wie man Zäune macht und den Boden bearbeitet, so mag er in Amerika hingehen, wohin er will, und es wird ihm niemals an Beschäftigung und der Möglichkeit, sein unabhängiger Herr werden zu können, fehlen. Wer nichts als Rechnen und Buchführen versteht, muss sich auf öfteres Feiern gefasst machen.

In New-York ernähren sich Tausende und Tausende von Frauen durch Nähen; eine geschickte Nähterin verdient dort 50 Cents den Tag, also drei Dollars die Woche; bequemten sich dieselben aber zu einer andern, gesündern Arbeit, so ständen sie sich sicherlich viel besser. In keinem Lande der Welt macht sich der Mangel an guten weiblichen Dienstboten fühlbar, wie hier; man lese z. B. die Anzeigen der täglichen New-Yorker Staatszeitung und man wird finden, dass in jeder Nummer 25 bis 30 Dienstmädchen gesucht werden. Der Stand der Nähterinnen ist überfüllt und der Lohn daher gering; ein Dienstmädchen aber, das alle häuslichen Arbeiten gründlich versteht, erhält ausser guter Kost und Logis einen Wochenlohn von 2—4

Dollars und kann in seinem Dienste bleiben, so lange es ihm gefällt; wohingegen ein Nähmädchen öfters feiern muss.

Fabrikarbeiter wird es nun immerhin geben müssen, und es ist nun die Frage, auf welche Weise die Lage derselben zu verbessern sei. Ihre Löhne werden sich vorläufig nach der jeweiligen Geschäftslage richten; im Ganzen genommen aber sind sie stets besser als in Europa. Die Weber in Schlesien verdienen im Durchschnitt jährlich 65 Thaler für ihre Familien; in Ostpreussen betrug im Jahr 1866 die Zahl derjenigen Familien, welche auf ein Jahreseinkommen von 200 Thalern angewiesen waren, neun Zehntel der gesammten Bevölkerung. Ein Arbeiter aber in den Neuengland-Staaten verdient jährlich seine 500 Dollars im Allermindesten.

Das Verhältniss von Arbeitslohn und Nahrungsmitteln in Deutschland und Amerika ist nach einem amerikanischen Konsularberichte vom Jahre 1877 folgendes:

Durchschnittswochenlohn der	in Deutschland Dollars	in New-York Dollars
Maurer	4.00	12—18
Zimmerleute und Schreiner	4.18	9—12
Gasarbeiter	3.95	10—14
Tüncher	4.60	10—16
Gypser	4.35	10—15
Röhrenleger	3.90	12—18
Schieferdecker	3.90	10—15
Grobschmiede	3.90	10—14
Bäcker	3.90	5—8
Buchbinder	3.90	12—18
Schuhmacher	4.32	12—18
Metzger	4.20	8—12
Tischler	4.95	9—13
Böttcher	4.35	12—16
Kupferschmiede	3.90	12—15
Messerschmiede	3.90	10—13

Durchschnittswochenlohn der	in Deutschland Dollars	in New-York Dollars
Graveure	4.00	15—25
Hufschmiede	3.50	12—18
Mühlenbauer	4.95	10—15
Drucker	3.90	8—18
Sattler	3.90	12—15
Segelmacher	3.90	12—18
Klempner	3.60	10—14
Schneider	4.30	10—18
Gelbgiesser	5.50	10—14
Handarbeiter	2.60	6—8

Diese Sätze von 1877 sind für Deutschland seitdem noch verringert, während dies bei den hiesigen keineswegs der Fall ist. Auch sind die deutschen Berichte meist von solchen Theilen des Landes, wo eine wirkliche Stockung des Handels nicht zu verzeichnen und die Löhne noch keineswegs das Minimum erreicht hatten.

Was nun die Lebensmittelpreise betrifft, so stellt das auswärtige Amt die folgende Vergleichung an:

		Deutschland Cts.	New-York Cts.
Brod	per Pfd.	3—7	4 — 4½
Mehl	„	5½	4½—5
Rindfleisch:			
Bratenstücke	„	22	12 — 16
Suppenfleisch	„	14	6 — 8
Rump	„	14	14 — 16
Pökelfleisch	„	13	8 — 12
Kalbfleisch	„	14	8 — 12
Hammelfleisch	„	14½	9 — 14
Schweinefleisch:			
frisches	„	17	8 — 10
gesalzenes	„	17	8 — 10
Speck	„	20	8 — 10

		Deutschland Cts.	New-York Cts.
Schinken	per Pfd.	20	8—12
Vorderschinken	„	19	8—10
Wurst	„	21	8—10
Schmalz	„	21	10—12
Butter	„	22	25—32
Käse	„	24	12—15
Reis	„	9	8—10
Hafermehl	„	8	4—5
Thee	„	75	50—60
Kaffee	„	35	20—30
Zucker	„	11	8—19
Seife	„	10	6—7
Stärke	„	9	8—19
Bohnen	per Quart	10	7—10
Milch	„	4	8—10
Kohlen	per Tonne	Doll. 4.25	Doll. 5.25

Die Löhne der Fabrikarbeiter hängen, wie bereits bemerkt, vom Gange der Geschäfte ab. Ist derselbe ein unbefriedigender und ist die Nachfrage nach den betreffenden Fabrikaten gering, so wird der Fabrikant augenblicklich eine Reduktion seiner Ausgaben vornehmen. Seine Arbeiter mögen nun geneigt sein für niedrigeren Lohn zu schaffen oder nicht, der Vortheil wird stets auf Seiten des Kapitalisten sein. Aber auch in sogenannten guten Zeiten ist der Fabrikant nicht immer geneigt, seinen Leuten einen entsprechenden Lohn zukommen zu lassen, und nun nehmen diese ihren Vortheil wahr. Sie wissen, es ist überall Nachfrage nach Arbeitern und sie riskiren also durch die Organisation eines Strikes nicht viel. Der Fabrikant hat Bestellungen zu effektuiren und zwar in einer bestimmten Zeit, wenn er seine Kundschaft nicht einbüssen will; er ist also wohl oder übel gezwungen, den Forderungen seiner Leute nachzugeben, wobei er sich natürlich fest vornimmt, bei der ersten besten Gelegenheit Rache zu üben.

Nur selten gelingt ein Strike und es ist schwer zu sagen, ob die siegreichen Arbeiter dadurch überhaupt etwas gewinnen.

Im Jahre 1871 strikten in Antwerpen sämmtliche Cigarrenmacher, 10,000 an der Zahl, die in ungefähr 50 Fabriken beschäftigt waren. Sie wollten die Arbeitszeit verkürzt haben und dann sollten alle Lehrlinge aus den betreffenden Geschäften entlassen werden. Da sich die Fabrikanten nicht dazu entschliessen und die Arbeiter unter keinen andern Bedingungen nachgeben wollten, so trat für beide Theile eine Feierzeit von $4\frac{1}{2}$ Monaten ein. Dadurch aber litt das Cigarrengeschäft so sehr, — denn die auswärtigen Kaufleute schickten einfach ihre Bestellungen nach andern Städten — dass es sich noch heute nicht ganz erholt hat.

Die Berechtigung zum Striken kann keinem Arbeiter abgesprochen werden, einerlei nun, ob er dies vereinzelt oder im Vereine mit andern thut. Es ist dies unter Umständen die einzig wirkende Waffe, die er gegen seinen Herrn gebrauchen kann. Beim Striken stellt er die Bedingungen, unter denen er weiter arbeiten will; man nehme ihm also dieses Recht und man macht ihn vollständig zum Sklaven. So lange sich also ein Strike innerhalb der Gesetze bewegt, kann nichts dagegen gesagt werden; glaubt der Arbeiter, er könne seinen Willen durch Niederlegen der Arbeit durchsetzen, so ist dies lediglich seine Sache; denn er ist ja während dieser Zeit auf seine Ersparnisse angewiesen. Will jedoch ein strikender Arbeiter einen andern gewaltsam abhalten, für geringern Lohn zu arbeiten, so greift er in die Rechte der persönlichen Freiheit ein und dieses sollte nicht ungestraft geschehen.

Ueberhaupt sind die Arbeiter leicht geneigt, sobald sie ihre Kraft fühlen, derselben auch durch despotische Gesetze Ausdruck zu geben. Wenn sich Arbeiter zu sogenannten Trades-Unions vereinigen, so wird sicherlich kein Mensch etwas dagegen haben, denn die Selbsthilfe ist ein amerikanisches Nationalprinzip. Wenn sie aber, wie dies so oft geschieht, dem Arbeitgeber vorschreiben, wie viele Lehrlinge er annehmen und wie viele Stunden er täglich arbeiten lassen soll, so greifen sie nicht allein in die Rechte des Kapitalisten, sondern in die eines jeden Mannes ein, der da Lust zu dem betreffenden Geschäfte hat und es gerne erlernen möchte. Ein Verein von Maurern in Manchester verbietet seinen Mitgliedern, Backsteine beim Bauen zu benützen, die mit einer Maschine gemacht sind; ausserdem schreiben ihre Statuten vor, dass kein mit Backsteinen beladener Maurer auf einer Leiter hinauf und auf einer andern herabsteigen, sondern dass er dazu nur eine und dieselbe Leiter benützen darf; fernerhin dürfen die Backsteine nie in einem Schubkarren gefahren, sondern müssen stets von Maurern getragen werden, und dann ist es keinem Meister erlaubt, mehr als drei Lehrlinge anzunehmen. Die Union der Maurer in Leeds verlangt, dass kein Arbeiter mehr als acht Backsteine auf einmal tragen darf und dabei muss er so langsam wie möglich gehen; einen mit der Maschine hergestellten Backstein aber darf er unter keinen Umständen in die Hand nehmen. Wir fragen nun: haben diese Leute ein Monopol auf ihr Handwerk, dass sie es durch Vorschriften in Bezug auf die Lehrlinge reguliren wollen? Einem jungen Manne ein Geschäft versperren, zu dessen Erlernung er Lust hat, ist doch sicherlich tyrannisch. Allerdings ist die Geschicklichkeit des Arbeiters das Kapital desselben, das er zu schützen sucht. Je mehr Leute seines Handwerks da sind, desto grösser ist die Konkurrenz, die er zu bekämpfen hat; die Zahl der Handwerker aber zu bestimmen, ist nicht seine Aufgabe. Wer ein Geschäft erlernen will, soll sich dazu der nöthigen Freiheit erfreuen; ist dasselbe nun überfüllt, so hat er ja allein die Konsequenzen zu tragen. Es gibt doch sicherlich z. B. Advokaten genug in Amerika und viele derselben haben ihre liebe Noth, durchzukommen; aber noch Niemand ist es desshalb eingefallen, vom Staate ein Gesetz zu verlangen, welches die Zahl der Jurisprudenz Studirenden beschränken soll. Alle diese Dinge reguliren sich durch die Verhältnisse selber.

Die Statuten vieler Arbeitervereine schreiben vor, dass in den Geschäften, in welchen ihre Mitglieder arbeiten, keine Frauensperson angestellt werden darf. Stellt der Prinzipal nun doch eine an, so muss jeder männliche Arbeiter augenblicklich seine Thätigkeit einstellen. Dies ist im höchsten Grade inhuman und zeigt so recht, welcher brutale Geist mitunter in derartigen Verbindungen herrscht. Es will sich z. B. eine arme Wittwe in einer Buchdruckerei beschäftigen, um sich und ihre Kinder zu ernähren; der Besitzer derselben gibt ihr auch Arbeit, aber da kommen auf einmal seine alten und erfahrenen Setzer, die er augenblicklich nicht entbehren kann, und sagen ihm, dass sie ihre Arbeit niederlegten, wenn er die Frau nicht entferne. Soll die Wittwe nun betteln gehen, oder sich in das Armenhaus aufnehmen lassen? Ich entsinne mich, dass der Eigenthümer einer Druckerei in Indianapolis einst eine arme Dame, bei deren Vater er früher selbst sein erstes Geld verdient hatte, als Setzerin anstellte, augenblicklich aber legten die andern Setzer die Arbeit nieder, denn sie durften sich dies laut ihrer Konstitution nicht gefallen lassen. Die Folge davon war, dass die dort gedruckte Zeitung mehrere Tage nicht erscheinen konnte; jene Setzer aber hatten lange zu suchen, bis sie wieder lohnende Arbeit fanden.

Aehnlich verhält es sich mit dem Verlangen, täglich nur acht Stunden zu arbeiten, was sich bei sehr vielen Geschäften überhaupt gar nicht durchführen lässt. Der Arbeiter sagt, er brauche mehr Zeit für seine Ausbildung. Gut, erwidert ihm der Fabrikant, arbeite nur acht Stunden und füge dich dann in eine entsprechende Lohnreduktion. Mit der letztern aber ist er selten einverstanden. Trotzdem er im Grunde gegen jedes Monopol eingenommen ist, so möchte er doch gar zu gerne ein Monopol auf seine Arbeit haben.

Wie sich nun die Kapitalisten gegenseitig Konkurrenz machen, so thun es auch die Arbeiter; sehen sie, dass in einer bestimmten Beschäftigung viel Geld verdient wird, so wirft sich augenblicklich eine grosse Masse darauf und die natürliche Folge davon ist, dass der Lohn bald auf ein Minimum reduzirt ist. Ein Unterschied der Löhne wird immer existiren und nichts ist erklärlicher als dies. Der gewöhnliche Handlanger wird trotz seiner grossen physischen Anstrengungen am schlechtesten bezahlt; wer nur Holz hacken und Schnee schaufeln kann, versteht ein Geschäft, zu dem weder eine allgemeine noch spezielle Vorbildung nöthig ist und das daher jeder Mensch mit gesunden Armen verrichten kann. Die Erlernung eines Handwerks aber ist mit Verlust an Zeit und Geld verknüpft; derjenige also, der es ausübt, besitzt in seiner Geschicklichkeit ein Kapital, von dem er mit dem vollsten Rechte Zinsen in Gestalt eines höheren Lohnes erwartet. Wenn auch eine Arbeit an und für sich noch so nützlich und nöthig ist, so hat doch keine das Recht zu derselben Kompensation, wie die andere. Der gewöhnliche Handlanger braucht nur gesunde Gliedmassen für seine Beschäftigung; aber dieselben sind auch für jeden Handwerker unentbehrlich. Jeder Handwerker kann die Arbeit des Handlangers verrichten, aber kein Handlanger kann die Beschäftigung des Handwerkers übernehmen. Je mehr nun einer zu leisten oder zu produziren vermag, einen desto gerechtfertigteren Anspruch hat er auf höhern Lohn. Individuelle Geschicklichkeit gibt überall den Ausschlag.

Nun aber erhält hier selbst Derjenige, der ein Handwerk erlernen will, der Lehrling also, gleich von Anfang an einen gewissen Lohn, wodurch ihm natürlich sein „Studium" in finanzieller Hinsicht gegenüber den Gebräuchen der alten Welt bedeutend erleichtert wird. Die Ergreifung eines gelehrten Standes aber, wie der des Advokaten oder Mediziners, ist mit keinen derartigen Erleichterungen verbunden und die logische Folge davon ist, dass diese Leute auch auf ein höheres Einkommen Anspruch haben als der Handwerker. Es gibt hier in Amerika Advokaten, die jährlich 100,000 Dollars verdienen und die oft für einen einzigen Prozess 20,000 Dollars erhalten; aber dies kommt daher: sie haben mehr Zeit auf ihr Studium verwandt und sind in gewissen Zweigen der Rechtswissenschaft besonders zu Hause. Der Prediger Beecher bezieht seiner Kenntnisse und seiner ausserordentlichen Rednergabe wegen einen Jahrgehalt von 25,000 Dollars, wohingegen ein Mann, der innerhalb dreier Monate vom Schuster zum Methodistenprediger avancirte, jährlich mit 200 Dollars zufrieden sein muss.

Die Anzahl Derjenigen, die im Besitze einer gelehrten Bildung sind, wird nun stets sehr klein sein und daher haben sie auch gewissermassen ein Monopol auf eine bessere Bezahlung. Männer, welche eine verantwortliche Stellung einnehmen uud bei denen man mit Recht die strengste Gewissenhaftigkeit und Ehrlichkeit voraussetzt, haben sicherlich auch auf entsprechende Bezahlung Anspruch. Ein Maurer, der des kalten Winters wegen nur wenige Monate des Jahres arbeiten kann, verlangt mit Recht, einen höhern Wochenlohn als z. B. ein Schneider, dessen Beschäftigung nicht vom Witterungswechsel abhängt. Es geht gewissen Handwerkern wie den Hotels in den Badeorten, die während weniger Monate so viel verdienen müssen, dass sie das ganze Jahr hindurch existiren können. Die Arbeit der Frauen wird im Verhältniss zu der der Männer überall schlecht bezahlt, was theilweise in einem ungerechten, herkömmlichen Gebrauche, theilweise auch darin seinen Ursprung hat, dass den Frauen nur wenige Berufszweige offen stehen, wodurch also die Konkurrenz ausserordentlich gross ist.

Die Trades-Unions könnten in Amerika ungemein viel zum Besten des Arbeiterstandes wirken, wenn sie ihre gesammelten Gelder weniger zur Unterstützung der Strikes als zu andern Zwecken verwendeten. Jede dieser Gesellschaften sollte zugleich ein Kolonisationsverein sein. Sobald schlechte Zeiten eintreten und ihre Mitglieder zum Theile beschäftigungslos sind, sollten einige derselben mit Mitteln aus der Vereinskasse ausgestattet werden, um sich in irgend einer günstigen Gegend anzusiedeln. Dadurch würde zugleich wieder ein neuer Absatzort für die Erzeugnisse der Industrie gegründet, was für die zurückgebliebenen

Kollegen auch von Werth wäre. Aber in jenen Vereinen herrscht der widerwärtigste Kastengeist; sie betrachten ihre Mitglieder nur als Schuster, Schneider oder Schreiner und setzen voraus, dass sie dies auch bis an ihr seliges Ende bleiben, niemals aber selbstständig werden. Sie glauben, die Menschen seien ihnen desshalb unbedingt den Lebensunterhalt schuldig, weil sie Schuster, Schneider oder Schreiner sind.

Dies ist jedoch ein gewaltiger Irrthum. Ich kann hier Alles und dies in verhältnissmässig kurzer Zeit werden, wofür ich die Geschicklichkeit besitze. Sehe ich, es sind zu viele Maurer da, so ergreife ich eine andere Beschäftigung und Jedermann findet dies in Ordnung. Wenn ich aber absolut meinen Lebensunterhalt als Maurer verdienen will, so büsse ich einen grossen Theil meiner Selbstständigkeit und Unabhängigkeit ein; denn meine Existenz hängt alsdann von der Gunst der Verhältnisse ab. Auch wird ein öfterer Wechsel der Thätigkeit schon durch die beständige Verbesserung der Maschinen bedingt. Die Trades-Unions sollten also ihr Hauptaugenmerk auf die Gründung neuer Arbeitsfelder legen und ihren Mitgliedern einprägen, dass sie sich bei Zeiten vorbereiten, heute Schuster, morgen aber Farmer, Schafzüchter, Hopfenbauer oder Goldgräber sein zu können. Vorwärtsdringen und die Arbeit des Pioniers übernehmen, ist hier die Aufgabe des Stärksten.

Jene Trades-Unions aber könnten noch auf manche andere Weise nützlich wirken. Wenn sie keine Erhöhung des Lohnes, was ja stets ihr Hauptzweck ist, erzielen können, so könnten sie doch dafür sorgen, dass ihre Mitglieder billigere Lebensmittel erhielten. Sie könnten sogenannte „Union-Stores" errichten, alle Waaren im Grossen einkaufen und dann zum Kostpreise an die Mitglieder abgeben. Es ist dies allerdings schon sehr oft versucht worden; leider aber haben jene Konsumvereine in Folge einer mangelhaften Leitung nur ein sehr kurzes Leben gehabt. Zu Rochdale in England fingen einst die Arbeiter einen derartigen Verein mit 140 Dollars an; die Sache glückte und gegenwärtig gibt er, da die Mitgliederzahl inzwischen bedeutend zugenommen hat, jährlich eine halbe Million Dollars für Einkäufe aus. Der geringe Profit aber hat hingereicht, ein schönes Haus zu kaufen und darin ein Lesezimmer einzurichten, in dem die besten Zeitungen aufliegen, und in dem sich eine Bibliothek von 5000 Bänden befindet. Andere Vereine in England suchten dieses Beispiel nachzuahmen, aber nach einem Berichte aus dem Jahre 1870 waren von 1375 Vereinen bereits 400 zu Grunde gegangen. Geschäftskenntniss gehört vor allen Dingen zu einem derartigen Unternehmen und dieselbe geht den meisten Arbeitern ab.

Sparsamkeit in kleinen Dingen ist die Mutter des materiellen Erfolges. Der Arbeiter zahlt gewöhnlich für seine Waaren mehr als der reiche Mann; letzterer kann in grössern Quantitäten einkaufen, und da er ausserdem gleich baar bezahlt, so erhält er Alles bedeutend billiger; ersterer hingegen, der nicht hauszuhalten versteht, kauft auf Kredit und zahlt erst am Ende des Monates. Seine Frau geht in den Laden des Krämers und sieht allda hunderterlei Dinge, die ihr in die Augen stechen und da sie dieselben ja „ohne Geld" bekommen kann, so ist es ihr in den meisten Fällen sehr schwer, der Versuchung zu widerstehen. Eine solche Familie ist gewöhnlich am Ende des Jahres so weit wie am Anfange. Sparsamkeit scheint dahier für viele Arbeiter ein Ding der Unmöglichkeit zu sein; verdienen sie viel, so brauchen sie viel. In den Kriegsjahren, als hier sozusagen das Geld vom Himmel regnete, war vielen Arbeitern das Beste nicht gut und theuer genug; man lebte wie Gott in Frankreich und glaubte, das ginge so fort bis an das Ende der Welt. Wesshalb also sparen?

Als aber die schreckliche Panik kam, da durchzogen sie heerdenweise als Tramps oder Landstreicher das Land, und Diejenigen, die früher beim saftigsten Braten sassen, waren nun froh, wenn ihnen ein Stück trockenes Brod gereicht wurde. Diejenigen aber, die damals zu sparen verstanden, befinden sich heute in komfortablen Verhältnissen.

Für die Trades-Unions also gibt es noch viel zu thun; sie haben die Gelegenheit, dem Arbeiterstand viel zu nützen, leider aber fehlt es den meisten an dem praktischen Blicke. Sie könnten auch dafür agitiren, dass, soweit es die Gesundheit und Sicherheit des Arbeiters betrifft, alle Fabriken dahier unter staatlicher Aufsicht ständen, dass die Kinder- und theilweise auch die Frauenarbeit verboten wird und dass Streitigkeiten zwischen Fabrikanten und Arbeitern durch ein von beiden Seiten gewähltes Schiedsgericht geschlichtet würden. Dafür zu wirken, wäre sicherlich viel praktischer, als auf den Anbruch des tausendjährigen Reiches der Sozialisten zu warten.